Primo Levi
im Gespräch mit Ferdinando Camon
»Ich suche nach einer Lösung,
aber ich finde sie nicht«

SERIE PIPER
Band 1570

Zu diesem Buch

Zwischen 1982 und 1986 führte der italienische Schriftsteller Ferdinando Camon zahlreiche Gespräche mit Primo Levi, deren Destillat nun in Buchform auf deutsch vorliegt. Levis Lebensthemen stehen auch hier im Mittelpunkt: die Erfahrung Auschwitz und die Ursachen des Rassismus und Nationalsozialismus. Camons einfühlsame Fragen beleuchten jene erstaunliche Haltung Levis, eines »Geretteten«, der nicht haßt und verurteilt, sondern mit großer Milde versucht, das Vermächtnis der »Untergegangenen« zu bewahren.

Primo Levi, geboren 1919 in Turin, gestorben 1987 ebenda. Studium der Chemie. Wurde im Februar 1944 nach Auschwitz deportiert. Zu seinen berühmtesten Werken gehören: »Se questo è un uomo« (1947; dt. »Ist das ein Mensch?«), »La tregua« (1963; dt. »Die Atempause«) und »I sommersi e i salvati« (1986; dt. »Die Untergegangenen und die Geretteten«).

Ferdinando Camon, geboren 1935 bei Padua. Schriftsteller und Publizist. Autor zahlreicher Romane; renommiert für seine kritischen Interviews. Zu seinen wichtigsten Werken gehören: »Il quinto stato« (1970; dt. »Der fünfte Stand«), »La vita eterna« (1972; dt. »Das ewige Leben«) und »Un altare per la madre« (1978; dt. »Ein Altar für die Mutter«).

Primo Levi
im Gespräch mit Ferdinando Camon

»Ich suche
nach einer Lösung,
aber
ich finde sie nicht«

Aus dem Italienischen von
Joachim Meinert

PIPER
MÜNCHEN ZÜRICH

Die Originalausgabe erschien 1987
unter dem Titel
»Autoritratto di Primo Levi«
bei Edizioni Nord-Est in Padua.
Eine zweite Ausgabe erschien 1991
unter dem Titel
»Conversazione con Primo Levi«
bei Garzanti in Mailand.

ISBN 3-492-11570-5
Deutsche Erstausgabe
November 1993
© Edizioni Nord-Est 1987
© Garzanti Editore s.p.a. 1991
Deutsche Ausgabe:
© R. Piper GmbH & Co. KG, München 1993
Umschlag: Federico Luci,
unter Verwendung eines Fotos von
G. Neri / Marcello Mencarini
Gesamtherstellung: Clausen & Bosse, Leck
Printed in Germany

Für dieses lange Gespräch mit Primo Levi haben mehrere Begegnungen stattgefunden. Er selbst hat es an einem Sonntag im Mai 1986 noch einmal durchgesehen. Bei dieser Gelegenheit vereinbarten wir, einige Seiten für den Vorabdruck im Wochenmagazin *Panorama* auszuwählen, die gleichzeitig mit *Die Untergegangenen und die Geretteten* erscheinen sollten, dem Buch, das sein letztes wurde. Levi wählte für den Auszug Passagen aus den Kapiteln »Der Teufel in der Geschichte« und »Die Schuld des Geborenseins« aus. Unser telefonischer und – seltener – brieflicher Kontakt dauerte bis in die Woche seines Todes an: Sein letzter Brief erreichte mich sogar erst zwei, drei Tage nach seinem Tod, und es war ein Brief so voller Pläne, Wünsche und Erwartungen, daß er mir ganz unvereinbar erschien mit irgendeiner Absicht, zu verschwinden und Schluß zu machen. Dieser Brief hat mich zu der Überzeugung gebracht, daß Primo Levis Tod ein Unfall war, oder, wenn er doch gewollt war, daß dieser Wille in keiner Weise in ein System paßte und nicht nach einem Plan vollzogen worden war: Auch er blieb ein Unfall und nichts weiter. Übrigens hatten wir in unseren Gesprächen mehr als einmal das Problem der

Neurose und der Depression angeschnitten, und Levi hatte stets gemeint, daß er im allgemeinen nicht darunter litte.

Ich habe für dieses Gespräch eine höchst einfache Methode verfolgt. Zunächst habe ich eine organische Abfolge von Fragen und Problemstellungen ausgearbeitet, wobei ich darauf bedacht war, daß sie sich auf das gesamte Werk und das gesamte Leben Primo Levis bezogen. Dies war »die Leiter«, nach der sich unser Dialog, wie ich ihn vor Augen hatte, richten und gliedern sollte. Es war genau der »Fragenkatalog«, den ich hätte abhandeln müssen, wenn ich ein kritisches Porträt von Primo Levi entwerfen wollte. Er konnte sie überprüfen und nach Belieben ergänzen, etwa durch solche Fragen, die sich ihm unausweichlich gestellt hätten, wenn er sein kritisches Selbstporträt geschrieben hätte. Und so geschah es, und seine Ergänzungen und Zusätze waren auffällig zahlreich. Wir hatten allerdings abgemacht, daß diese Hinweise bei unserem Treffen nur als generelle Anhaltspunkte gelten sollten und wir die Freiheit hätten, uns in alle Richtungen zu bewegen, in die sich der Dialog in seinem Verlauf entwickeln sollte. Wir vereinbarten, uns mehrere Male zu treffen. Die Endfassung des Interviews sollte von ihm im Manuskript überprüft und vollkommen frei korrigiert oder abgewandelt werden.

Und so geschah es: Die Endfassung des Dialogs weist eine beträchtliche Zahl von Veränderungen in Primo Levis Handschrift auf, die hier ausnahmslos berücksichtigt sind.

Primo Levi war ein wundervoller Gesprächspartner, präzise, gewissenhaft, mit häufigen und weitreichenden Assoziationen aus seiner Erinnerung. Unser erstes Treffen, bei dem wir die Struktur und den wesentlichen Verlauf dieses Gesprächs festlegten, fand 1982 statt. Das letzte, wie gesagt, an einem Sonntag Ende Mai 1986, also nicht einmal ein Jahr vor seinem Tod. Alle Treffen fanden in Turin statt. Das erste im Hotel Palace gegenüber vom Bahnhof. Das letzte in seiner Wohnung. Die übrigen in verschiedenen Restaurants der Umgebung.

Levi legte außerordentlichen Wert auf Ruhe und Stille in seinem Hause. Deshalb hatte er gewünscht, für unser erstes Treffen, das sich als langwierig und mühselig abzeichnete, zu mir zu kommen. Ich erwartete ihn auf der Straße vor dem Hotel. Es war zu der Zeit, als der Terrorismus in seine Endphase ging. Das weiß ich noch, weil in meinem Gedächtnis eine Szene gespeichert ist: Auf dem freien Platz vor dem Hotel lärmte eine Schar von etwa zwanzig jungen Burschen herum. Sie waren klein, stämmig, schwarzhaarig und von dunklem Teint, trugen Lederjacken und Halbstiefel und krakeelten mit heiseren Stimmen, schubsten sich herum und johlten. Als Levi eintraf, standen sie alle in einer Reihe mit erhobenen Händen zur Wand gekehrt. Polizisten in Zivil durchsuchten sie in aller Ruhe, während weitere Polizisten ein paar Meter entfernt mit Waffen im Anschlag bereitstanden. Der Terrorismus war im Verschwinden begriffen, und das vollzog sich unter Schießereien, Festnahmen, Inhaftierungen und allen möglichen Untersuchungen, und Turin war eine der Hauptstädte des Terrorismus gewesen.

Levi kam heran, klein, weißhaarig, freundlich. Er wollte sich sofort in eine Ecke des Hotels zurückziehen und mit dem Interview beginnen.

Sein Haar und sein Bart waren weiß, der Bart noch stärker als das Haar. Sein Blick wirkte gleichsam ironisch und sein Lächeln wie zu Scherzen aufgelegt. Alles in seinem Kopf war wohlgeordnet, die Erinnerungen detailliert und minutiös. Im Laufe des Gesprächs griff er nach dem Blatt mit dem Fragenkatalog und zeichnete auf die Rückseite den Lageplan von Auschwitz mit dem Hauptlager, den Nebenlagern und den jeweiligen Häftlingszahlen. Er sprach mit leiser Stimme, ohne jähe Aufschwünge, ohne Brüche, also ohne Groll.

Ich habe mich oft gefragt, wo diese Milde, diese Sanftmut herrührte. Die einzige Antwort, die ich bis heute finde, lautet: Levi schrie nicht, schmähte nicht, klagte nicht an, weil er *nicht schreien wollte*. Er wollte viel mehr: *uns zum Schreien bringen*. Er verzichtete auf die eigene Reaktion um unserer Reaktion willen, unser aller Reaktion. Er dachte in langen Zeiträumen. Seine Milde, seine Sanftmut, sein Lächeln – das etwas Schüchternes, fast Kindliches hatte – waren in Wahrheit seine Waffen.

Ferdinando Camon

Anmerkung zur vorliegenden Ausgabe:

Die Begegnung endet mit Levis Satz: »Es gibt Auschwitz, somit kann es keinen Gott geben.« Meiner Meinung nach wollte Levi mit dieser Aussage einen philosophischen Beweis für die Nichtexistenz Gottes formulieren, einen Beweis, der etwa dem ontologischen Gottesbeweis des Anselm von Canterbury* entgegengesetzt werden sollte: Wenn es Gott gab, dann durfte Auschwitz nicht existieren; da es Auschwitz aber gibt, kann Gott unmöglich existieren. Levi hat es für nötig gehalten, mit Bleistift eine Zeile hinzuzufügen: »Ich finde keine Lösung für das Dilemma. Ich suche nach ihr, aber ich finde sie nicht.« An diesem Zusatz ist wichtig, daß das »Ich suche nach ihr« auf das »Ich finde keine« folgt, als wollte er darauf hinweisen, daß das Suchen trotz der Tatsache des Nichtfindens nicht aufhört und daß somit das Endresultat nicht das Nichtfinden, sondern das Suchen selbst ist: und das geht weiter.

F. C.

---

* 1033 in Aosta geboren, später Erzbischof von Canterbury, dort 1109 gestorben. Gilt als Vater der Scholastik und Mystik. (A. d. Ü.)

GESPRÄCH MIT PRIMO LEVI

1
DER TEUFEL IN DER GESCHICHTE

Camon: In Ihrem Geburtsjahr, 1919, wurde in Deutschland die Nationalsozialistische Partei gegründet, und in Italien begründete Mussolini die *fasci di combattimento*.* Es scheint fast, als sei Ihr Leben von Anfang an gezeichnet gewesen. Sprach man in Ihrer Kindheit, in Ihrem Elternhaus, von diesen Dingen? Gab es bereits Vorahnungen, Befürchtungen?

Levi: Ich würde sagen, nein. Meine Familie war bürgerlich. In jenen Jahren, als ich zur Welt kam, war von einer Ausgrenzung der Juden – zumindest in Italien – überhaupt keine Rede. Mein Vater, der lange in Ungarn und in Frankreich tätig gewesen war, hatte solche Erfahrungen gemacht, er wußte, was Antisemitismus dort bedeutete. Er hatte Béla Kuns Revolution in Budapest miterlebt, und seine Erinnerung daran war traumatisch, aber er hat mit mir wenig, viel zu wenig darüber gesprochen. Béla Kuns Unternehmen hatte ihn als Bürger in Schrekken versetzt, ja in einen doppelten Schrecken, weil

---

* »Kampfgruppen«, eigtl. »Bündel«, Kernzellen der späteren Faschistischen Partei (A. d. Ü.)

Béla Kun Jude und als solcher in Ungarn bekannt war. Und doch hatte er 1919 eine Sowjetverfassung erlassen. Mein Vater hatte Angst vor dem Kommunismus und Angst vor der Reaktion auf den Kommunismus und dazu noch Angst vor der Reaktion auf den jüdischen Kommunismus.

Was die in Italien gegründeten *fasci di combattimento* betrifft, so wurde eigentlich recht wenig von ihnen gesprochen. Ich bin in ein faschistisches Klima hineingeboren und in ihm großgeworden, wenn mein Vater auch kein Faschist war; er war aus oberflächlichen Gründen gegen den Faschismus, er mochte die Maskerade nicht, die Aufmärsche, den Mangel an Seriosität…

Camon: Geschmacksfragen?

Levi: Hauptsächlich Geschmacksfragen. Doch ich habe mit meinem Vater sehr wenig darüber gesprochen, der Altersunterschied zwischen ihm und mir war zu groß, und es gab nicht viel Austausch zwischen uns. Ich glaube, der Schrecken von Ungarn war noch in ihm lebendig; es war eine blutige Revolution gewesen. Béla Kun wurde später im Auftrag Stalins umgebracht.

Was also die Befürchtungen und Vorahnungen betrifft, so kann ich sagen, bei uns zu Hause waren sie nicht vorhanden. Ich war zu jung, und mein Vater neigte dazu, alles unter Zensur zu stellen. Mein Vater ist 1942 gestorben… zu seinem Glück, zu unserem Glück, denn er hätte das, was danach geschah, nicht überlebt.

Camon: Wenn es überhaupt eine Vorahnung gab, dann allenfalls ein paar Monate vorher?

Levi: Wenige Monate. Es war noch nicht einmal eine Vorahnung; auf einmal waren die Dinge eingetreten.

Camon: Sie waren dreiundzwanzig, als Hitler in Deutschland die sogenannte »Endlösung« beschloß. Im Jahr darauf waren Sie bei den Partisanen im Aosta-Tal, wurden gefangengesetzt und in ein Lager gebracht. Doch Sie kamen als Jude dorthin, nicht als Partisan. Wenn ich mich recht erinnere, haben Sie an diesem Punkt eine Entscheidung gefällt, das heißt, Sie selbst haben sich lieber als Jude denn als Partisan zu erkennen gegeben. Ich erwähne diese Tatsache, weil ich es interessant fände, einen Vergleich zwischen den beiden Arten von »Schuld« anzustellen: der »Schuld, Jude zu sein« und der »Schuld«, Partisan zu sein. Welche war die gefährlichere?

Levi: Ja, ich selbst habe mich als Jude zu erkennen gegeben. Man faßt Entschlüsse selten aus reiner Logik, und selten ist nur ein Motiv entscheidend. Ich wurde mit falschen, offensichtlich falschen Papieren festgenommen. Ihnen zufolge war ich in Battipaglia geboren, und der Milizionär, der mich gefaßt (und geohrfeigt) hatte, stammte aus Battipaglia, und das brachte mich sofort in eine heikle Lage. Im Aosta-Tal liefen Gerüchte um, ich sei Jude. Die Milizionäre, die mich geschnappt hatten, sagten zu mir: »Wenn du Partisan bist, stellen wir dich an die Wand, wenn du Jude bist, schicken wir dich nach Carpi*.«

---

* In Carpi-Fossoli bei Modena hatten die Faschisten ein großes Sammellager eingerichtet. Die meisten Insassen wurden später in deutsche KZs abtransportiert. (A. d. Ü.)

Camon: Ihre Entscheidung wurde also durch diese Drohungen bestimmt?

Levi: Ja, aber dazu kam noch die Komponente der Erschöpfung, denn sie fragten mich immer und immer wieder und erklärten: »Wir schicken dich in ein Konzentrationslager, und dort bleibst du, bis der Krieg zu Ende ist, in Italien; wir liefern niemanden an die Deutschen aus.« Und schließlich war auch eine Komponente von Stolz dabei. Es hätte mir nicht gepaßt, wenn herausgekommen wäre, daß ich, obwohl ein miserabler Partisan (ich hatte keinen Wehrdienst geleistet, wußte noch nicht einmal, wie eine Waffe gebaut war; ich besaß eine, konnte aber nicht damit umgehen. Ich habe einen einzigen Schuß abgegeben, alles übrige wäre Vergeudung von Munition gewesen), immerhin aber Partisan und dazu noch Jude war; daß also auch die Juden sich zum Kämpfen entschließen können.

Camon: Sie hatten also eine Waffe?

Levi: Es war ein kleiner Revolver, ganz mit Perlmutt eingelegt, ich weiß nicht einmal, woher er stammte; ein Trommelrevolver, die Trommel war winzig klein; damit konnte man fünf Meter weit schießen. Ich entsinne mich nicht mehr, von wem ich ihn hatte. Im übrigen war der Partisanentrupp, den wir organisiert hatten, einer der ersten, und ich glaube, wir sind der ersten Razzia in ganz Italien ins Netz gegangen. Nun war ich völlig entwaffnet, auch moralisch. Die »bewaffnete Verteidigung« gehörte nicht zu meiner Welt. Viele waren so wie ich. Erst diejenigen, die später wirklich gekämpft haben, sind ganz ordentliche Partisanen geworden ...

16

Camon: Aber die Milizionäre, die zu euch sagten: »Wenn ihr Juden seid, schicken wir euch für die gesamte Kriegszeit in ein Konzentrationslager«, haben sie gelogen?

Levi: Ich bin überzeugt, daß sie es ehrlich meinten.

Camon: Zum Drama kam es also, weil später andere Leute die Sache in die Hand nahmen, kann man das so sagen?

Levi: Davon bin ich überzeugt, jawohl. Und das ist geschehen, als wir bereits in Carpi-Fossoli waren. Wir befanden uns in der Hand der Faschisten, die uns nicht schlecht behandelt haben, wir durften schreiben, wir durften Pakete erhalten, sie schworen uns bei ihrem »faschistischen Glauben«, daß sie uns bis zum Ende des Krieges dabehalten würden.

Camon: Dann kam es zur Übergabe an die Deutschen. Und dabei taucht ein Problem auf, das meiner Ansicht nach auch in Augenzeugenberichten nicht eindeutig beantwortet worden ist: Weshalb empfanden die Deutschen eine so heftige Abneigung gegen die Juden? Das hatte doch keine politischen Gründe, da war nichts Ökonomisches im Spiel. Hier handelt es sich um etwas Tieferliegendes.

Levi: Das ist eine furchtbar schwierige Frage, die ich nur teilweise beantworten kann. In erster Linie muß ich einen Einwand erheben, denn es ist nicht richtig zu sagen, »die Deutschen« hätten diesen Haß empfunden, der ein Rassenhaß ist. Sie haben ihn nach mehreren Jahren Naziregime empfunden. Die Frage mündet somit in eine andere: Weshalb haben

17

die Deutschen Hitler akzeptiert? Ich habe darüber viele Bücher gelesen, auch von berühmten Historikern, und finde, daß angesichts dieses Problems, des Problems der Zustimmung, des Massenkonsenses in Deutschland, alle die Hände erhoben haben. Das muß einmal gesagt werden. Von denen, die Hitler ablehnten, läßt sich lediglich sagen, daß sie ihn nicht mit Begeisterung aufnahmen. Hitler zu akzeptieren, hieß aber auch, das Programm seines Antisemitismus zu akzeptieren. Das ist das Problem.

Camon: In Deutschland gab es in der Tat keinen starken Widerstand, auch später nicht, als sich der Nazismus entfaltet hatte. Ich meine einen Widerstand im italienischen Verständnis, im Sinne von *Resistenza*.

Levi: Nein, nein, den hatten sie nicht. Es gab verschiedene Widerstandsnester – einerseits die »Weiße Rose«, andererseits dieses Komplott rechter Offiziere; die von der Kommunistischen Partei übriggebliebenen Splitter, ein paar Widerstandsgruppen deutscher politischer Häftlinge in den Lagern –, aber sie alle arbeiteten kaum zusammen, und sie kommunizierten auch kaum miteinander. Wahrscheinlich hat es einen Widerstand in unserem Sinne nicht gegeben, weil es sich um das Muster eines Polizeistaats handelte. Ich weiß nicht, ob Sie das wunderbare Buch von Fallada, *Jeder stirbt für sich allein*, kennen. Wenn man es liest, begreift man, was das damalige Deutschland war. Fallada war Nazigegner, er hatte früher bereits *Kleiner Mann, was nun?* geschrieben.

Aber hier schweifen wir vielleicht gar zu sehr ab.

Camon: Nein, hier sind wir beim Kern des Problems. Es geht nicht darum, einzelne Wesenszüge des deutschen Verhaltens in der Nazizeit zu erklären, sondern dieses ganze Verhalten überhaupt. Und es geht nicht um einen Moment in der Geschichte der Deutschen, sondern um die Verfolgung eines langen roten Fadens, der sich durch ihre Mythologie zieht, durch ihre Bekehrung zum Christentum – Freud nannte sie »schlecht getauft« –, ihr Luthertum, ihre Auffassung von Heil und Verderben.

Levi: Verzeihen Sie, aber mit dieser Interpretation bin ich nicht einverstanden. Die Deutschen der Goethezeit waren nicht so. Deutschland ist später erst in diese Richtung abgeschwenkt. Wenn Sie Maupassants Novellen über die preußische Besetzung Frankreichs lesen, bemerken Sie eine brutale Härte, die sich aber nicht sehr von der anderer Armeen unterscheidet. Und die Deutschen des Ersten Weltkriegs waren die von Remarque, sie waren nicht anders als die Franzosen. Ihr Krieg wurde von der französischen und italienischen Propaganda verzerrt dargestellt, aber der deutsche Schützengraben unterschied sich in nichts vom italienischen oder französischen.

Camon: Dennoch schöpfen sie in Zeiten eines großen Aufschwungs ihrer moralischen und religiösen Bewegungen immer aus einem Repertoire des Verderbens, der Verdammnis, des…

Levi: Des Dämonischen?

Camon: Des Dämonischen, das den Gottesbegriff einbezieht und zugleich aufhebt…

19

Levi: Ja, der Teufel spielt in ihrer Entwicklung eine fundamentale Rolle.

Camon: ...weswegen kein Lichtspalt des Guten zu sehen ist und das Streben nach dem persönlichen Heil unausweichlich mit einem direkten Gotteshaß verbunden ist, den man auch bei Luther findet. »Wie kann man diesen Gott lieben?« wurde Luther gefragt, und er gab zur Antwort: »Ihn lieben? Ich hasse ihn eher.« Ihr Verweis auf Freud, der die Deutschen als »schlecht getauft« bezeichnete, läßt gerade ihr beständiges Widerstreben gegen Formen der Angleichung innerhalb der christlichen europäischen Kultur verständlicher werden. Von den Zeiten der Barbareneinfälle bis zum Zweiten Weltkrieg ist ihr Einbrechen in die Geschichte nicht anders gewesen als der Ausbruch der Pest oder der großen Epidemien. Ich denke an den Kardinal, der Hitler als einen »motorisierten Attila« bezeichnete.

Levi: Diese Dinge müßte eigentlich ich sagen.

Camon: Die müßten Sie sagen, und meiner Meinung nach sagen Sie sie auch. Sie sagen sie durch meinen Mund. Die Art von pädagogischem Vorgang, den Sie mit Ihrem Erzählen einleiten, zum Beispiel in *Ist das ein Mensch?*, besteht darin, daß Sie den Leser bei der Hand nehmen und dazu bringen, auf eine bestimmte Weise zu reagieren, eine Verdammung auszusprechen, ohne daß Sie selbst sie aussprechen. Sie gebrauchen Ihrerseits die Technik, nicht nur die Verdammung, sondern auch das Urteil in der Schwebe zu lassen.

Levi: Es stimmt, daß ich in *Ist das ein Mensch?* auf das Formulieren von Urteilen verzichtet habe.

Das habe ich absichtlich getan, weil es mir unangebracht, ja aufdringlich vorkam, wenn ich als Zeuge die Stelle des Richters eingenommen hätte; darum habe ich jedes explizite Urteil ausgespart, während die impliziten Urteile deutlich vorhanden sind.

Doch was Ihr drastisches Urteil über die Deutschen, angefangen bei den Germanen, angeht, so kann ich es ehrlich gesagt nicht teilen. Alle allgemeinen Urteile über die einem Volk innewohnenden, angeborenen Eigenschaften haben für mich etwas Rassistisches. Ich will dagegen immun bleiben, auch wenn dies bisweilen eine Anstrengung erfordert; mich interessiert nämlich die deutsche Kultur sehr, ich lerne gerade – seit ein paar Jahren – Deutsch, und ich habe deutsche Freunde. Ich empfinde absolut nicht das Gegenstück zur antijüdischen Haltung der Hitlerdeutschen. Bei mir ist kein bedingter Reflex entstanden. Ja, ich würde sagen, daß meine Neugier in bezug auf das damalige und das heutige Deutschland, eine bleibende Neugier, den Haß ausschließt.

Camon: In gewissem Sinne überrascht mich dieses Bedürfnis nach Neutralität, nach dem In-der-Schwebe-Lassen des Urteils. Denn wenn der Deutsche sagt: »Der Jude hat etwas Undurchsichtiges«, und der Jude darauf entgegnet: »Der Deutsche, der so spricht, hat etwas Undurchsichtiges«, so kann man zwar im ersten Fall von Antisemitismus sprechen, im zweiten jedoch nicht von Deutschfeindlichkeit, weil der Jude, der so spräche, schlicht und einfach eine Wahrheit sagt.

Levi: Diese Dinge müßte eigentlich ich sagen. Es ist merkwürdig, daß ich hier die Deutschen verteidige, und doch muß ich das tun. Ich glaube, daß es anfänglich nicht einmal in Hitlerdeutschland einen verbreiteten Antisemitismus gab. Die deutschen Juden waren integriert, sie waren ein weitgehend an die deutsche Nation assimiliertes Bürgertum. Das ist vielen Zeugnissen zu entnehmen, und auch mein Vater hat mir das erzählt. In Deutschland waren die Juden nicht so »anders«, nicht so sehr Fremde wie in Polen oder Rußland, so daß sie keinen Reflex der Schmähung und der Verteidigung gegen das Andersartige, das Nicht-wie-ich-Sein, erzeugten. Nach meiner Auffassung hatte dabei auch die Persönlichkeit Hitlers einen entscheidenden Einfluß. Ich glaube nicht so recht an Tolstois These von der Geschichte, die von unten, aus den Gezeiten der Meere entsteht, auf denen die Napoleons wie Korkstückchen schwimmen. Denn die Erfahrung hat es mir gezeigt: ich habe die Bestätigung aus dem Erlebnis des aufsteigenden Nazismus in Deutschland gewonnen, ich habe es selbst erlebt und danach erst darüber gelesen: Es war der Eindruck von einem bösen Zauber, von etwas Dämonischem, das sich in Hitler verkörperte – Sie selbst haben ja vorhin vom Dämon als einer Konstante der deutschen Kultur gesprochen. Dabei fällt mir wieder das Fallada-Zitat ein, von dem ich vorhin abgekommen war: *Jeder stirbt für sich allein* erscheint mir gerade deswegen bedeutsam. Fallada hat die Gestapoakten durchwühlt und die wahre Geschichte aufgestöbert, aus der er den Roman gestaltet hat. Die Geschichte handelt von einem alten Arbeiter, einem alten deutschen Tischler, einem *Arbeitstier**; er ist ein gleichgültiger, unbeweglicher Mann, dem nur daran gelegen ist, seine Arbeit als Tischler gut zu verrichten.

Dieser Mann verliert im Krieg einen Sohn. Und da lernt er Eltern von anderen Gefallenen kennen. Er und seine Frau denken sich, auf sehr naive Weise, eine Art Gegenwehr aus: Sie schreiben jeden Sonnabend eine Karte mit sehr schlichten, sehr naiven nazifeindlichen Losungen wie »Dieser Krieg führt uns in den Untergang« und dergleichen. Und Sie machen von ihrer Wohnung aus einen Spaziergang und stecken diese Karten in irgendwelche Briefkästen von privaten Wohnungen. Das geht so ein Jahr lang. Ich weiß nicht mehr genau, aber sie stecken wohl hundertfünfzig bis zweihundert Karten ein. Diese Karten landen alle bei der Gestapo, und jede binnen weniger Stunden. Der mit diesem Fall befaßte Gestapobeamte markiert auf dem Berliner Stadtplan die Punkte, wo diese Karten eingeworfen worden sind, und allmählich bildet sich ein Kreis von Fähnchen, weil das Ehepaar, um nicht entdeckt zu werden, jedesmal einen Spaziergang von einer Viertelstunde unternahm, immer in einer anderen Richtung von seinem Hause weg. Also war klar, daß der Urheber im Mittelpunkt des Kreises zu finden sein mußte.

---

* deutsch im Original

Mir erscheint das als ein sehr wichtiger Beweis dafür, welche Macht die Polizei des Hitlerregimes hatte. Allen deutschen Empfängern brannte diese Karte in den Händen, sie befürchteten eine Provokation und brachten sie sofort zum nächsten Polizeirevier. Dies zeigt, wie schwer es war, einen Widerstand zu organisieren. Es gab nur den Willen Hitlers, es gab keine Opposition.

Camon: Das ist eine »heroische« Geschichtsauffassung. Die Geschichte wird von wenigen gemacht, von den Herrschenden, den Helden, deren Wille die Welt wie ein Sturm erschüttert, und das Volk muß sich ducken.

Levi: Ja, ich weiß schon, daß viele diese Auffassung nicht teilen, aber ich denke, zumindest in Fällen wie diesem muß man zur Kenntnis nehmen, daß Leute wie Hitler und Stalin – nicht aber Mussolini – mit der Macht ihrer Persönlichkeit gewirkt haben. Denn zwischen dem Deutschland vor Hitler und dem Hitlerdeutschland liegt ein Qualitätssprung. Wenn Sie im Kino oder Fernsehen Hitlers Zwiesprachen mit den Menschenmassen gesehen haben, dann haben Sie ein großartiges Schauspiel miterlebt. Es bildete sich eine stumme Induktion, wie zwischen einer mit Elektrizität aufgeladenen Wolke und der Erde. Es war ein Hin und Her von zuckenden Blitzen. Hitler antwortete auf die Wirkung, die er selbst ausgelöst hatte. Und er steigerte sich immer mehr. Ich glaube, falls eine derartige Bemerkung überhaupt Sinn haben kann, mit einem anderen Menschen an seiner Stelle wäre es anders gekommen. Nicht einmal seine engsten Gefolgsleute vermochten ihn zu ersetzen,

24

nicht einmal Leute wie Göring oder Himmler; Goebbels vielleicht, den er selbst auserkoren hatte.

Camon: Also Geschichte als eine immense Neurose, die sich durch Osmose auf die Menge überträgt?

Levi: Zumindest in diesem Fall. Ich bin kein Historiker, ich vermag nicht zu sagen, ob es in anderen Fällen anders verlief. Ich habe oft gedacht (und gehofft), daß Hitlerdeutschland ein *unicum* war, dazu bestimmt, sich nicht zu wiederholen. Es war das unwahrscheinliche Ergebnis der Kombination von verschiedenen Elementen (und eines davon war die Persönlichkeit Hitlers), die, jedes für sich genommen, nicht zu schwerwiegenden Folgen geführt hätten. Mir scheint, daß heute, wenn man etwa die italienischen Verhältnisse betrachtet, dasselbe nicht eintreten könnte, es gibt keinen Helden, weder einen guten noch einen bösen, es gibt keinen Protagonisten; wohl auch in Deutschland nicht. Vielleicht war jene Epoche am Jahrhundertanfang, die uns gezeichnet hat, schon zu einem Ende bestimmt, jedenfalls war es eine Epoche starker Persönlichkeiten. Ich würde noch Churchill nennen.

Camon: Helden also, die ihren eigenen Willen umzusetzen verstanden in den Willen aller.

Levi: Ja, so kann man es sagen.

2
DIE SCHULD DES GEBORENSEINS

Camon: Sie haben ein Jahr im Lager zugebracht. Das Lager, die Metapher par excellence für das Böse, das der Mensch dem Menschen antut, eine Schuld, die zu den größten in der Geschichte zählt. Benjamin hat irgendwo gesagt, daß das Lager jedoch keine abnorme Situation ohne allen Vergleich mit der übrigen Welt sei; das Lager sei lediglich eine in der Welt allgemein vorkommende Erscheinung im konzentrierten Zustand. Das Lager spiegele auch die Struktur jeder Gesellschaft wider: auch hier gibt es die Geretteten und die Untergegangenen, die Unterdrücker und die Unterdrückten.

Levi: Ich antworte Ihnen in zwei Schritten. Erstens mit einer Zurückweisung. Dieser Vergleich der Welt mit dem Lager ruft in uns – uns »Tätowierten«, uns »Gezeichneten« – Empörung hervor. Nein, so ist es nicht, es ist nicht wahr, daß die Fiat-Werke ein Lager sind, daß die psychiatrische Klinik ein Lager ist; bei Fiat gibt es keine Gaskammern, und in der psychiatrischen Klinik geht es den Menschen sehr schlecht, aber es gibt keine Verbrennungsöfen, es führt ein Weg heraus, man kann Angehörige empfangen. Diese Mauerinschriften, die man bisweilen sieht, »Fabrik = Lager«, »Schule = Lager«, die empören mich. Das ist nicht wahr. Dennoch, und das ist das Zweitens, können sie als Metapher gelten. Ich habe selbst in *Ist das ein Mensch?* geschrieben, daß das Lager ein Spiegel der äußeren Situation war, allerdings ein Zerrspiegel. Zum Beispiel hat man nicht ausreichend über die Tatsache nachgedacht, daß sich unter den Opfern automatisch und zwangsläufig eine Rangordnung herstellt; man hat die Tatsache nicht bedacht, daß es überall Häftlinge gibt, die auf dem Rücken ihrer Kameraden Karriere machen.

Camon: Ist das eine für das Funktionieren des Lagers notwendige oder nicht notwendige Bedingung?

Levi: Es ist nützlich für das Funktionieren des Lagers. Es wurde von den Nazis ausgenutzt; aber es wäre auch dann vorhanden gewesen, wenn es nicht gefördert worden wäre. Vor allem dort, wo es kein Gesetz mehr gibt, kommt das Recht des Dschungels, das Darwinsche Gesetz zum Tragen, demzufolge der Bestangepaßte, und das ist zumeist der Bösartigste, die Oberhand gewinnt und überlebt, indem er den anderen bei lebendigem Leib auffrißt. Dieses Phänomen war im Lager deutlich zu beobachten.

Hier muß ich eine Parenthese einschalten. Ich habe das Lager unter schlimmsten Bedingungen, nämlich als Jude, erlebt. In vielen Berichten von politischen Häftlingen werden ganz andere Geschichten erzählt, aber das ist kein Widerspruch. Die Bedingungen, unter denen die Politischen das Lager erlebten, unterschieden sich von den unseren, weil sie moralisch und auch politisch gewappnet waren, was für die meisten von uns nicht zutraf.

Einige Juden waren sehr wohl auch Politische; ich selbst war es in gewissem Maße, weil ich ja Partisan gewesen war. Ein gewisses Empfinden für Haltung und die Pflicht, mich diesem Sog von unten zu widersetzen, das besaß ich. Meine Lagergefährten aber waren keine Politischen, sie waren Abschaum der Erde, Unglückliche, die fünf Jahre unaufhörlicher Verfolgung hinter sich hatten, Menschen, die aus Nazideutschland etwa nach Polen oder in die Tschechoslowakei geflüchtet waren, um dort von der nazistischen Flutwelle eingeholt zu werden, dann waren sie nach Paris geflohen, waren auch dort eingeholt worden und am Ende in Auschwitz gelandet; oder es waren arme Teufel aus der Ukraine, aus Belorußland, aus Ostpolen, ohne Kontakt zur westlichen Zivilisation und unversehens in eine Lage geworfen, die sie nicht begriffen. Dies war das Menschenmaterial, das mich umgab. Und unter diesen Unglücklichen gab es keine Solidarität, es gab sie nicht, und dieses Fehlen war das erste Trauma, das größte Trauma. Ich und meine Weggefährten hatten naiverweise gedacht: »Wie schlimm es auch immer kommen mag, wir werden Kameraden finden.« Das erwies sich als falsch. Man fand Feinde vor, keine Kameraden.

Camon: Ich glaube, daß Christen und Katholiken, Menschen, die innerhalb der christlichen oder katholischen Kultur geprägt wurden und aufwuchsen, hier einem Problem gegenüberstehen, das sie nicht intuitiv erfassen können, das sie nicht einmal in ihrer Phantasie erleben und somit nicht begreifen können. Es ist das Problem, sich in der Situation zu befinden, für die Schuld zu büßen, daß man geboren wurde. Denn ich glaube, das war die »Schuld«, durch die sich die Juden von den Politischen oder den Partisanen oder den Kriegsgefangenen unterschieden. Jene büßten für einen verlorenen Kampf oder für politische Gegnerschaft; die Juden aber mußten diese »Schuld« allein für die Tatsache abbüßen, daß sie geboren waren, es war die Schuld zu existieren. Sie sollten verschwinden. Die Schuld des Geborenseins ist ein Gedanke, der von bestimmten Richtungen der griechischen Philosophie und später von bestimmten Strömungen des nichttheistischen Existentialismus entwickelt worden ist. Doch er bleibt seinem Wesen nach ein Gedanke, der für Christen nicht in eigener Person erlebbar ist.

Levi: In der Tat wurde diese Verdammung als eine unbegreifliche Ungerechtigkeit erlebt. Jeder von uns legte sich Erklärungen zurecht, die für ihn allein galten. Ich hatte den Eindruck, es mit Irrsinn zu tun zu haben, mit methodischem Irrsinn.

Camon: Und das Bewußtsein, daß Sie alle eine gemeinsame Ungerechtigkeit erlitten, hat Sie das nicht vereint?

Levi: Nicht ausreichend. Und zwar aus vielen Gründen. Der Hauptgrund war, daß es keine Verständigung gab, und das war das zweite Trauma. Unter uns italienischen Juden verstanden nur wenige Deutsch oder Polnisch, äußerst wenige. Ich konnte ein paar Worte Deutsch. Die sprachliche Isolation war unter diesen Bedingungen tödlich. Fast alle Italiener sind deswegen zu Tode gekommen. Weil sie vom ersten Tag an die Befehle nicht verstanden, und das war nicht zulässig, es wurde nicht geduldet. Sie verstanden die Befehle nicht und konnten es nicht sagen, konnten sich nicht verständlich machen. Sie hörten ein Gebrüll, weil die Deutschen, die militärischen Deutschen, immer brüllen...

Camon: Um »eine jahrhundertealte Wut abzulassen«.

Levi: Ja, so habe ich in *Ist das ein Mensch?* geschrieben. Und das war das dritte Trauma. Für sie ist das ganz selbstverständlich, so spielt es sich in ihrer Armee auch jetzt noch ab: Kommandos werden gebrüllt. Also gut, das Kommando wurde gebrüllt, aber wir haben es nicht verstanden, und so kamen wir immer als die Letzten an. Man konnte seinen Bettkameraden nach Informationen, Neuigkeiten, Erklärungen fragen, aber der hörte nicht zu und verstand nichts.

Dieser Umstand war bereits ein erstes großes Hindernis für den Zusammenhalt, um sich als Kameraden anzuerkennen.

Ich selbst – ich habe stets gesagt, daß ich Glück gehabt habe – verfügte über minimale Deutschkenntnisse, ich hatte als Chemiker Deutsch gelernt, und so konnte ich eine gewisse Verständigung mit den Nichtitalienern herstellen. Das war die wichtigste Voraussetzung, um zu begreifen, wo ich lebte, um die Gebote jenes Orts zu verstehen. Und auch um dieses Gefühl der Zusammengehörigkeit zu empfinden, von dem Sie sprechen. Denn ich erinnere mich, als wir endlich freundschaftliche Kontakte zu französischen, ungarischen, griechischen

Häftlingen herstellen konnten, kam es uns so vor, als wären wir eine Stufe höhergeklettert.

Camon: Diese Bedingungen bildeten natürlich einen wesentlichen Teil des Lagers; sie machten das Lager aus. Das Lager war so konzipiert, daß es nicht möglich sein sollte zu überleben. Und das führt uns zu dem bereits vorher gestreiften Problem zurück, wie es möglich war, daß eine kollektive Kultur und ein Kollektivverhalten – ich sage nicht, das Verhalten aller, aber doch eines Kollektivs – an den Punkt gelangten, daß beschlossen wurde, eine Rasse in ihrer Gesamtheit die Schuld ihrer Existenz büßen zu lassen. Sie sprachen vorher von der Projektion des Willens und der Moral eines Führers. Ich habe den Eindruck, da muß noch mehr dahinterstecken, nämlich, daß diese Kultur die Keime zu einer Auffassung von der Existenz als Schuld bereits in sich tragen muß.

Levi: Es scheint mir nicht möglich, einem (wenn auch begrenzten) deutschen Kollektiv den Willen zu unterstellen, die Juden durch Ausrottung zu »bestrafen«. In Deutschland wußten alle, daß die Lager existierten. Aus den spezifisch politischen Lagern wie Mauthausen und Buchenwald kamen einige wenige wieder heraus, und sie konnten darüber berichten; überdies war die Kunde von der Existenz der Lager für das Naziregime von Nutzen, es war ein wirksames Abschreckungsmittel. Der Plan zur Vernichtung der Juden und Zigeuner dagegen ist weitgehend geheimgehalten worden; es war eine gar zu grausige Kunde, als daß sie hätte Billigung finden können, selbst innerhalb der Kreise der Nationalsozialistischen Partei. Und aus den ausschließlich und vollständig auf Vernichtung angelegten Lagern (Treblinka, Chełmno (Kulmhof), Majdanek und einigen anderen; Auschwitz war ein Sonderfall, wir sprechen später noch davon), aus diesen Lagern kam niemand heraus; es war kein Zufall, daß sie alle außerhalb der deutschen Grenzen lagen: Was dort geschah, sollten die Deutschen nicht wissen. Aus demselben Grund mußte die Vernichtung der deutschen Geisteskranken geheimgehalten werden. Da sie aber notwendigerweise in Deutschland vollzogen wurde, sickerte etwas darüber durch, ein paar mutige Kirchenleute protestierten, und die Operation wurde abgebrochen.

Aus diesen Gründen ist es mir unmöglich, diesen »Todeswillen« auf das deutsche Volk oder auch nur auf einen wesentlichen Teil von ihm auszudehnen. Wohingegen man den Vorwurf der Feigheit auf das deutsche Volk ausdehnen kann und muß: Die Deutschen hätten viel mehr über die Ausrottung wissen können, wenn sie gewollt hätten, wenn die wenigen, die es wußten, den Mut zum Reden gehabt hätten; aber das ist nicht geschehen. Wer etwas wußte, schwieg, wer nichts wußte, hatte Angst, Fragen zu stellen. Augen, Ohren und Münder blieben verschlossen. Es ist sicherlich wahr, daß der Staatsterrorismus eine unerhört starke Waffe ist, der man sich nur sehr schwer widersetzen kann; doch es ist ebenfalls wahr, daß das deutsche Volk in seiner Gesamtheit noch nicht einmal versucht hat, Widerstand zu leisten.

Ich habe erschütternde Briefwechsel mit Deutschen geführt. Ich kann Ihnen von einem Fall erzählen, von dem ich aus einem Brief erfahren habe.

Camon: Nach Erscheinen Ihres Buches in Deutschland?

Levi: Nein, durch Zufall. Ich stand und stehe im Briefwechsel mit einer Deutschen, die einige der Chemiker kannte, die dort arbeiteten, wo auch ich gearbeitet habe, nur auf der anderen Seite. Den Fall eines dieser Chemiker habe ich im *Periodischen System* im Kapitel »Vanadium« erzählt. Doch über diese Frau habe ich von einem weiteren Fall gehört, dem von H., einem Beamten, Chemiker in meinem Alter, einem Zwilling von mir, organischer Chemiker wie ich auch. Er war in einem Gummiwerk in Ludwigshafen tätig, und man trug ihm an, in Auschwitz zu arbeiten. Er wußte nicht so recht, was das war, aber die Ludwigshafener Fabrik, in der er beschäftigt war, wurde häufig bombardiert, sie lag innerhalb des Aktionsradius der amerikanischen Bomber. In Ludwigshafen war und ist ein großes deutsches Industriewerk. Die Deutschen hatten in Auschwitz ein Duplikat des Ludwigshafener Werks errichtet, die Fabrik in Auschwitz (Buna) glich der anderen bis ins Detail. Sie hatten die Baupläne genommen und den ganzen Komplex noch einmal gebaut. Denn dort gab es Kohle und Wasser, und es gab Sklavenarbeiter, außerdem lag es außerhalb der Reichweite der Bomber. H. überlegt sich die Sache, er war verlobt, er fährt hin, findet eine im Bau befindliche Fabrik vor, und er nimmt die Versetzung an. Er kehrt zurück, nimmt seine Frau (oder künftige Frau, das weiß ich nicht) und die Möbel mit, richtet sich in Auschwitz ein, arbeitet sechs, acht Monate dort und macht dann Schluß mit allem. Er kehrt zurück, und seine Freunde, brave Leute, fragen ihn: »Wo bist du gewesen?« Und er redet nicht. Weder während des Urlaubs nach seinem Aufenthalt in Auschwitz noch später hat er je darüber geredet. Er betrank sich, spielte Klavier und trank weiter. »Was hast du erlebt?« wurde er gefragt. Er antwortete: »Ach, da ist in der Nähe ein Lager.« Nichts weiter. Ich hatte vor, diesen Herrn H. zu befragen, aber er ist inzwischen gestorben. Die Frau lebt noch, aber ich wage nicht, sie aufzustören.

Dies erscheint mir exemplarisch für das Verhalten der Deutschen, sie sprachen nicht und hörten nicht, um nicht schuldig zu werden an dieser Sache, die sie ahnten.

Camon: Also Verdrängung?

Levi: Nein, ich würde es nicht Verdrängung nennen, weil die Verdrängung etwas Inneres ist. Man verdrängt etwas, das man kennt. Hier hingegen werden die Türen verschlossen, ehe man etwas erfahren hat.

Camon: Sie sind also der Ansicht, daß der Mann im Lager nichts gewußt hat, daß er sich geweigert hat, die Dinge zu sehen, sie zur Kenntnis zu nehmen?

Levi: Ja, er wollte nicht wissen, er wollte es sich nicht sagen lassen.

Camon: Aber wozu diente das Lager eigentlich? Ich meine, gehört zu haben, daß aus der sogenannten Buna-Fabrik, wo Sie gearbeitet haben, trotz der harten Arbeit niemals ein Kilo Gummi herausgekommen ist?

Levi: Es kam niemals ein Kilo Gummi aus der Fabrik, weil sie ständig bombardiert wurde, aber der Gummi hätte geliefert werden sollen. Jetzt wird er geliefert. Denn die Fabrik existiert noch, sie liegt auf polnischem Territorium.

Das Lager diente dreierlei Zweck. Das erste der nazistischen Lager, ich glaube, Oranienburg, war gleich im Jahr 33 entstanden, und diese Lager waren noch Probemodelle, sie faßten fünf- bis zehntausend Personen und dienten dazu, den politischen Widerstand, vor allem den kommunistischen, zu erstikken. Sie waren als *Knochenmühlen* eingerichtet worden, um zu zermürben, zu zermahlen, kaputtzumachen, zu demoralisieren, um die Anführer verschwinden zu lassen, in erster Linie die kommunistischen, in zweiter die sozialdemokratischen, die katholischen, die protestantischen, und auch ein paar Juden; kurz gesagt, all jene, die dem aufkeimenden Nazismus wie Stachel im Fleisch saßen.

Und diese Funktion haben die Lager ziemlich lange behalten, bis zum Anfang des Krieges. Mit dem Kriegsbeginn und dem Einmarsch in Polen haben die Deutschen auf einmal »die biologischen Quellen des Judentums« (das sind Worte von Eichmann) in der Hand. Und es werden weitere Lager eingerichtet, die sich grundlegend von den anderen unterscheiden, denn sie sind nicht mehr dazu bestimmt, die politischen Gegner zu terrorisieren, sondern die Juden zu vernichten. Diese polnischen Lager – das sind die drei obengenannten und weitere kleinere – waren Lager »ohne Ausgang«. Sie waren ununterbrochen in Betrieb, von 1941–42 bis Ende 1943. Ende 43 – nach Stalingrad – wird in Deutschland der Arbeitskräftemangel so akut, daß es unumgänglich wird, alle Kräfte einzusetzen, auch die Juden. In dieser Periode wird Auschwitz erbaut, ein hybrides Lager, ja, ein hybrides »Lagerreich«: Vernichtung plus Ausbeutung, oder vielmehr Vernichtung durch Ausbeutung. Diesem Umstand verdanke ich mein Überleben, nämlich der Tatsache, daß ich wie alle italienischen Juden ziemlich spät dorthin verbracht und in ein Produktionssystem eingegliedert worden bin. Und das ist der dritte Zweck: der eines Reservoirs billiger, vielmehr kostenloser Arbeitskräfte. Diese Tatsache war auf sehr rationelle Weise berechnet worden, vorgesehen war eine Überlebensdauer von drei Monaten. Es gab einen Konflikt zwischen der politischen Autorität, der SS, welche über die Lager herrschte, und dem deutschen Industriebetrieb, dem dieses System nicht gefiel; und zwar nicht aus humanitären Gründen, sondern weil ein Arbeiter, der drei Monate dort ist und dann stirbt, ein schlechter Arbeiter ist, der nichts einbringt. Tatsächlich leisteten wir wenig, und das schuf Konflikte und rief Proteste hervor. Diese Doppelherrschaft war mit bloßem Auge sichtbar, denn wir lebten nachts im Lager, unter der Herrschaft der SS, und tagsüber in der Fabrik, unter dem Kommando des deutschen Betriebs. Nicht, daß diese deutschen Techniker, denen wir unterstanden, Engel gewesen wären, durchaus nicht, aber sie wollten, daß die Fabrik sofort fertiggebaut würde, um Gummi zu produzieren. Und darum waren sie dagegen, daß ein Arbeiter oder Häftling am Arbeitsplatz umgebracht wurde. Vor allem gab das ja ein schlechtes Beispiel, es war etwas *Unanständiges*; das sollten sie gefälligst im Lager machen, aber nicht hier. So passierten recht merkwürdige Dinge: Wenn jemand bei der Arbeit verunglückte, dann galten für ihn die Richtlinien für Arbeitsunfälle. Es war egal, ob er dann bei seiner Rückkehr ins Lager in die Gaskammer geschickt wurde. Das ging die Fabrik nichts an, die hatte ihre Vorschriften. Ich erinnere mich, daß ich einmal in einer in die Erde eingelassenen Stahlzisterne arbeitete, um den Rost von den Wänden zu kratzen. Das war eine Arbeit wie viele andere, weder besser noch schlechter; der deutsche Techniker hatte dazu eine Glühbirne an einem Kabel in die Zisterne hinabgelassen; als sein Vorgesetzter erschien, wusch er ihm deswegen den Kopf und sagte: »Das ist sehr gefährlich, wenn sich das Isoliermaterial um den Draht durchscheuert, wird die ganze Zisterne unter Strom gesetzt, und die da drin kommen alle um.« Darum ließ er uns allen Grubenlampen aushändigen. Die deutsche Fabrik war nicht human. Aber sie wollte nicht, daß die Leute dort für nichts und wieder nichts umkamen. Bei der SS war das schlecht angesehen. Es gab sogar einmal einen organisierten Diebstahl. Als im Lager eine neue Baracke aus Ziegelsteinen gebaut werden sollte, passierte es, daß die SS uns den Befehl gab, jeder von uns solle aus der Fabrik vier Ziegelsteine ins Lager mitbringen. Das waren also 40 000 Ziegelsteine, denn wir waren zehntausend. Die SS stahl sie der deutschen Fabrik, die aber nahm das stillschweigend hin, weil die SS sehr gefürchtet war. Die SS kümmerte sich nicht darum, wenn wir in der Fabrik etwas stahlen, Glühlampen, Schmierfett, Leitungsdraht oder andere Sachen; und in der Fabrik kümmerte sich keiner darum, wenn wir im Lager Decken stahlen und sie in der Fabrik schwarz verkauften.

Um es zusammenzufassen, das Lager diente also einem dreifachen Zweck: Terror, Vernichtung, Arbeitskräftebeschaffung. Sie haben mich auch gefragt, warum nie ein Kilo Gummi produziert worden ist. Die Antwort ist nicht schwer. Die Fabrik, die auf dieser Baustelle entstand, sollte Ende 1943 den Betrieb aufnehmen, und jedesmal, wenn an den Anschlagtafeln die Ankündigung stand: »Produktionsbeginn der Abteilung am soundsovielten«, dann tauchte am Tag zuvor »ein« Flugzeug auf – ich weiß nicht, ob ein russisches, amerikanisches oder was sonst – und warf »eine« Bombe auf das Heizwerk oder die Elektrozentrale ab, so daß die Produktion

40

zum Stillstand kam, die Fabrik aber nicht zerstört wurde. Ich glaube, daß es darüber eine Absprache zwischen den Alliierten gab. So hat die Fabrik niemals etwas produziert, wurde aber bei Kriegsende völlig intakt vorgefunden.

Camon: Sie haben davon gesprochen, daß Sie und die Deutschen, die ja doch in derselben Fabrik gewesen waren, unterschiedlich darüber geurteilt und daß sie sich geweigert hätten, die Dinge zu sehen und zur Kenntnis zu nehmen. Ja, aber was geschah, nachdem Ihre Bücher auf deutsch erschienen waren? Was für eine Reaktion, was für ein Bewußtsein ihrer selbst, was für Zurückweisungen hat *Ist das ein Mensch?* bei den Deutschen ausgelöst?

Levi: Die Übersetzung von *Ist das ein Mensch?* hat mir eine Fülle von Reaktionen beschert. Der deutsche Verlag – Fischer – hatte mich um ein Vorwort gebeten. Ich habe geantwortet, daß mir nicht danach wäre, ein Vorwort zu schreiben, daß ich ihnen aber vorschlüge, als Vorwort einen Brief abzudrukken, den ich meinem deutschen Übersetzer, der ein Freund ist, geschrieben hatte. In diesem Brief habe ich ihm gedankt und erklärt, ich hoffte, daß das eventuelle Echo auf das Buch in Deutschland mir helfen würde, die Deutschen zu verstehen.

Mindestens dreißig deutsche Leser haben mir geschrieben, und alle versuchten, mir auf die eine Frage eine Antwort zu geben, nämlich, wie man die Deutschen verstehen kann. Es waren alles junge

Leute, bis auf einen. Die erste deutsche Ausgabe erschien 1961; damals waren sie jung. Alle geben sich große Mühe, mir zu erklären, daß sie, die jungen Deutschen, sich selbst nicht verstehen und erst recht nicht ihre Eltern, denn zwischen ihnen und ihren Eltern bestehe eine unüberwindliche Mauer. Andere wiederum sprechen... vom Teufel. Diese Briefe habe ich zur Hand, und in einem Kapitel des Buches *Die Untergegangenen und die Geretteten* gebe ich jetzt einen Überblick darüber. Ein einziger unter den Schreibern war nicht jung; und er hat mir einen sonderbaren Brief geschrieben. Er gibt sein Alter nicht an, aber daß er kein junger Mann ist, begreift man aus dem, was er schreibt. Er verteidigt die Nazis. Er ist der einzige. Er sagt, er sei kein Nazi, behauptet aber dann: »Wir hatten die Wahl zwischen zwei Abgründen, der eine war der Kommunismus, der andere Hitler; wir hatten die Revolution von 1919 in Deutschland erlebt, also den Spartakusaufstand, und haben uns entschieden, uns dagegen zu wehren; aber wir sind verraten worden. Wir sind kein Volk von Verrätern, wir sind ein verratenes Volk; denn Hitler hatte Dinge versprochen, die er nicht getan hat, und er hatte die Dinge nicht versprochen, die er getan hat.« Dann erklärt mir dieser Deutsche, es sei nicht das erste Mal, daß Massaker auf der Welt verübt worden seien, und boshafterweise zitiert er ein Massaker, das ich nicht kannte: das Blutbad, das die Byzantiner unter Belisar an den Goten verübt haben; als wollte er sagen: Auch ihr Leute aus dem Mittelmeerraum habt uns etwas angetan. Dann schließt er: »Lassen wir Gras wachsen über die Vergangenheit, ich liebe Italien und die italienische Literatur, in meinem Bücherschrank habe ich Dante, Petrarca und Boccaccio.« Es ist ein zwei Seiten langer Brief. Ich habe ihm geantwortet, daß in meinem Bücherschrank Hitlers *Mein Kampf* steht, wo Hitler genau das versprochen hat, was er dann ausführte, und daß er niemanden verraten hat; wenn man etwas Lobendes über ihn vorbringen kann, dann gerade, daß er niemals ein Verräter war. Dem Brief dieses Mannes lag ein dreizeiliges Briefchen seiner Frau bei. Es lautet: »Wenn im Land der Teufel los ist, dann versuchen einige wenige, ihm zu widerstehen, und sie werden niedergetrampelt, viele ziehen den Kopf ein, die meisten aber folgen ihm mit Begeisterung.« Die Frau hatte ihren Brief heimlich, so daß ihr Mann es nicht bemerkte, in das Kuvert gesteckt.

Camon: Sind Sie nach dem Krieg wieder nach Deutschland gefahren?

Levi: Und ob, mindestens fünfzehnmal, aus beruflichen Gründen.

Camon: Meinen Sie, daß es sich grundlegend verändert hat?

Levi: Ich würde sagen, ja, aber ich muß dazu sagen, daß sich auch mein Standpunkt verändert hat.

Camon: Wenn Sie einen Vortrag in Deutschland halten und diese Dinge in Erinnerung bringen sollten, meinen Sie, die Zuhörerschaft wäre gänzlich von Anteilnahme und Solidarität erfüllt und hätte Distanz zu ihrer Vergangenheit?

Levi: Vielleicht wäre sie das 1961 gewesen; heute ist die Situation viel komplizierter geworden. Heute gibt es, wie immer in Krisenzeiten, Symptome einer Rückkehr, wenn nicht zum Nazismus, so doch zu einem rechtsgerichteten Regime, das stark ist, mit einer straffen Ordnung. Ich glaube nicht so sehr, daß es zu einem Wiederaufleben des Antisemitismus in Deutschland kommen wird, schon aus Mangel an Material; es gibt heute nur noch wenige Juden in Deutschland.

Camon: Mir fällt eine Stelle in Peter Weiss' *Ermittlung* ein, wo der Überlebende eines Lagers – das ist Auschwitz – erzählt, daß immer dann, wenn er im Sommer mit kurzen Ärmeln in eine Straßenbahn steigt und auf seinem Arm die tätowierte Nummer zu sehen ist, die Leute ihn anstarren und er eine »höhnische« Reaktion verspürt.

Levi: Ach… ich weiß nicht, was ich dazu sagen soll. Ich muß wiederholen, mein Standpunkt ist etwas verschoben. Ich bin viele Male in Deutschland gewesen, allein und mit meinem früheren Chef, zu geschäftlichen Verhandlungen, genau gesagt, zu Kaufgesprächen. Meine Aufgabe bestand darin, in meinem nicht ganz korrekten, aber doch verständlichen Deutsch die Verhandlung einzuleiten. Ich wurde oft gefragt: »Wieso sprechen Sie als Italiener so gut Deutsch?«, weil Italiener in der Regel kein Deutsch können. Ich erwiderte dann: »Wissen Sie, ich heiße Levi, ich bin Jude, ich war in Auschwitz.« Das sagte ich allen offen ins Gesicht. Von dem Augenblick an kam ein anderer Ton in das Gespräch. Es kühlte ab. Einer sagte: »Das waren schlimme Zeiten, mein Onkel ist im Lager umgekommen, er war ein Politischer«, und so weiter. Ob es nun stimmte oder nicht. Aber ich habe den Eindruck, bei manchen stimmte es. Die anderen sagten gar nichts, sie waren offensichtlich Nazis, jedenfalls zum größten Teil. Meine deutschen Altersgenossen waren zu neunundneunzig Prozent Nazis. Einige schämen sich dessen, andere tun so, als schämten sie sich, manche zimmern sich eine Vergangenheit nach ihrem Belieben zurecht, und wieder andere rühmen sich ihrer Vergangenheit.

Die Geschäftsverhandlungen gingen danach zumeist auf sehr konventionelle, aber korrekte Weise weiter. Nur wenige Male ist es mir gelungen, bei einem Glas Wein ein Gespräch zu führen, und zumeist bekam ich dann von meinem Gegenüber Geschichten über die Angst zu hören. Sie sagten: »Wir haben Schreckliches gesehen und noch Schrecklicheres geahnt.« Einmal war ich in Bayern in einer kleinen Fabrik, um einen Rohstoff zu kaufen, den es nur dort gibt. Inhaber der Firma waren zwei Teilhaber, Vater und Sohn; der Vater war der örtliche Gauleiter gewesen, und der Sohn war ein moderner junger Mann, er hätte genausogut Italiener oder Franzose sein können, mit wachem Geschäftssinn, frei von politischen Interessen. Ich habe mit ihnen zu Abend gegessen, und dabei mußte ich wieder einmal meine Geschichte erzählen, sagen, daß ich in Auschwitz war. Der Vater saß wie auf Kohlen und ich auch. Der Sohn hat mir dann erzählt, sein Vater wäre ein ganz harmloser Gauleiter gewesen, und als die Amerikaner kamen, hätten sie ihn auf einem Panzer festgebunden und an den Pranger gestellt, indem sie ihn einmal durchs Dorf und wieder zurück fuhren. Nichts weiter. Nach Ansicht des Sohnes waren die Hände seines Vaters sauber.

Camon: Es ist ein Rätsel, das auch weitgehend ungeklärt bleiben wird: Was für ein Mechanismus, psychologisch gesprochen, ist da in einem ganzen Volk ausgelöst worden, und mit welchem Mittel?

Levi: Meiner Ansicht nach mit dem Mittel der Propaganda. Es ist der erste Fall in der Geschichte, in der ein außerordentlich mächtiger und gewalttätiger Mensch, also ein Tyrann, die grandiose Waffe der Massenkommunikation in Händen hielt. Mussolini hatte seine Rolle als Organisator ozeanischer Massenversammlungen schon gut gespielt; Hitler aber hat all das noch verzehnfacht, verzwanzigfacht. Die Nazizeremonien, die Massenschwüre, die Aufmärsche haben unleugbar eine Faszination, sie üben eine Verlockung aus. Natürlich nicht für uns, die »Gezeichneten«. Wenn Hunderttausende in einem einzigen Aufschrei riefen: »Wir geloben es«, so war das, als wären sie zu einem einzigen Leib geworden.

Camon: Die Erklärung ist also in jener Wissenschaft zu finden, die man Massenpsychologie nennt?

Levi: Ja. Die Manipulation der Massen ist zum erstenmal von Faschisten, Nazis und Sowjets angewandt worden. Vorher war das nicht möglich; vorher gab es keine Massen; da gab es allenfalls ein paar Tausend Leute, die sich auf dem Marktplatz versammelten und dem Redner zuhörten.

5

WARUM SCHREIBEN?

Camon: Sie haben irgendwo gesagt, Sie hätten mit dem Ziel der »inneren Befreiung« geschrieben. Lassen Sie uns diese Erklärung etwas genauer analysieren. Weshalb schrieben Sie? Um anzuprangern? Um also Gerechtigkeit einzufordern? Um zum Verständnis eines Rätsels, eines Geheimnisses vorzudringen, um das »Geheimnis Deutschland«, den »deutschen Wahnsinn« zu verstehen? Schreiben als Appell an andere, bei der Lösung mitzuwirken? Schreiben als Trost? Was von alledem sollte diese »innere Befreiung« sein, die Sie durch das Schreiben zu erlangen suchten?

Levi: Die Frage betrifft nur *Ist das ein Mensch?*. Ich habe geschrieben, weil ich das Bedürfnis verspürte zu schreiben. Wenn Sie von mir verlangen, darüber hinauszugehen und herauszufinden, woher dieses Bedürfnis kam, weiß ich keine Antwort. Ich hatte das Gefühl, daß der Akt des Schreibens für mich das gleiche bedeutete, wie mich auf Freuds Couch zu legen. Ich verspürte ein so übermächtiges Bedürfnis zu erzählen, daß ich laut vor mich hin erzählte. Damals im Lager hatte ich häufig einen Traum. Ich träumte, ich wäre heimgekehrt, zu meiner Familie zurückgekehrt, und erzählte, und man hörte mir nicht zu.

Mein Gegenüber will mich nicht anhören, es wendet sich ab und entfernt sich. Ich habe diesen Traum meinen Freunden im Lager erzählt, und sie sagten: »Das träumen wir auch manchmal.«

Und dann habe ich diesen Traum ganz genauso von anderen Rückkehrern, die ihre Erinnerungen aufgeschrieben haben, geschildert gefunden. Es handelt sich also um eine typische Situation.

Camon: Es war also bei Ihnen allen das kollektive Unbewußte, das diese Erfahrung in dem Augenblick, da Sie sie erlebten, als unglaubwürdig empfand?

Levi: Ja. Aber dieser Traum vom Erzählen besaß sicherlich auch eine Parallele zum Traum des Tantalus, in dem es um das »Beinahe-Essen« geht, darum, die Speise zum Mund zu führen, aber nicht hineinbeißen zu können. Es ist der Traum von einem primären Bedürfnis, dem Bedürfnis, zu essen und zu trinken. Ein solches war das Bedürfnis zu erzählen. Es war bereits an jenem Ort ein fundamentales Bedürfnis. Ich habe mich dann für das Schreiben als Äquivalent des Erzählens entschieden.

Camon: Ein in Zeit und Raum ausgedehnteres Erzählen, für mehr Menschen und für eine längere Zeit, damit Ihnen endlich alle glaubten, da Ihnen im Traum die eigene Familie nicht glaubte?

Levi: Ja. Aber der Alpdruck des Traums blieb in meinem Inneren bestehen. Während ich *Ist das ein Mensch?* schrieb, war ich nicht davon überzeugt, daß es veröffentlicht werden würde. Ich wollte vier, fünf Durchschläge machen und sie meiner Verlobten und meinen Freunden zu lesen geben. Mein

Schreiben war eine Möglichkeit, es ihnen zu erzählen. Die Absicht, »ein Zeugnis zu hinterlassen«, kam erst später auf, das primäre Bedürfnis bestand darin, zum Zweck der Befreiung zu schreiben.

Camon: Also Schreiben mit therapeutischer Absicht?

Levi: Therapeutisch, jawohl.

Camon: Und hat es in diesem Sinne funktioniert?

Levi: Ja. Das Schreiben hat mir Erleichterung gebracht.

6
Nazistisches Lager und kommunistisches Lager

Camon: Mir fällt ein, daß wir miteinander über dieses Thema des Lagers einmal korrespondiert haben, genauer gesagt, über den Vergleich zwischen dem nazistischen und dem kommunistischen Lager. Denn das Lager gab auch einem anderen, gänzlich andersgearteten Schriftsteller der Gegenwart den »Anstoß zum Schreiben«: Solschenizyn. Aber es handelt sich um zwei verschiedene Lager und um zwei verschiedene literarische Verfahren, die meiner Ansicht nach (ich habe das bereits in dem Buch *Avanti popolo* geschrieben) nicht vergleichbar sind. Ich fasse meine darin formulierten Gedanken zusammen und erlaube mir, sie den Ihren gegenüberzustellen: Solschenizyn ist der Wortführer derjenigen, die die »Abweichungen« vom Sozialismus am eigenen Leibe erdulden mußten, während Sie das Sprachrohr derer sind, die am eigenen Leibe die »Konsequenz« des Nazismus erdulden mußten. Ich meine folgendes: Im Lager des Iwan Denissowitsch laufen unter den Häftlingen, an die Adresse der Vorgesetzten gerichtet, Stimmen des Protestes um (die bisweilen auch laut ausgesprochen werden), etwa von der Art: »Ihr seid keine Sowjetmenschen! Ihr seid keine Kommunisten!« Im Lager des Primo Levi jedoch gilt der Vorwurf nicht der Untreue gegenüber einer Idee, sondern gerade ihrer vollständigen Verwirklichung; es ist somit ein Vorwurf in dem Sinne: »Ihr seid durch und durch Nazis, ihr seid die Verkörperung eurer Idee.«

Levi: Damit bin ich völlig einverstanden, das erscheint mir als eine zutreffende Unterscheidung.

Camon: Sie empfinden also, wenn Sie *Ein Tag im Leben des Iwan Denissowitsch* lesen, keine Identifikation? Was empfinden Sie dann?

Levi: Ich habe den *Iwan Denissowitsch* mit einem roten und einem blauen Stift in der Hand gelesen und alles rot angestrichen, was genauso war wie bei uns, blau hingegen alles, was anders war. Es stellte sich heraus: Vieles war in beiden Lagern gleich. In erster Linie das Fehlen der Solidarität; dort heißt der Häftling *Zek*, und wer ist der erste Feind des *Zek*? Der andere *Zek*. Dies entspricht vollkommen meiner eigenen Erfahrung. Weiter ist Denissowitsch von Solschenizyn als einer dargestellt worden, der bereits seine Erfahrungen gemacht hat, das entspricht einem, den man bei uns »eine niedrige Nummer« nannte, einem, der zurechtkommt, der zu *organisieren* versteht, und *organisieren* bedeutet, sich das Leben auf illegale Weise einrichten. »Organisieren« hat in Europa ungefähr dieselbe Bedeutung. Organizzare, organiser, organisieren. Der Zek Iwan Denissowitsch ist einer, der das Organisieren versteht, aber die Meinungsverschiedenheit zwischen uns beiden betreffs *Ein Tag im Leben des Iwan Denissowitsch* bezog sich auf andere Punkte.

54

Camon: Wir kommen gleich dahin. Bei Iwan Denissowitsch erscheint mir die Erfahrung weniger grausig, das Lager von Denissowitsch kommt mir weniger dämonisch vor.

Levi: Das hängt damit zusammen, daß drinnen und draußen Russen sind. Der Zek ist nicht entfremdet; es fehlt die rassische Komponente, und es fehlt die sprachliche Komponente.

Camon: Ich sehe, Sie haben sehr unter der Unmöglichkeit, sich sprachlich auszutauschen, gelitten?

Levi: Sehr. Denn ich bin einer, der redet. Wenn man mir den Mund stopft, gehe ich zugrunde. Und dort wurde mir der Mund gestopft.

Camon: Und die anderen, wie sind die damit fertiggeworden?

Levi: Die anderen gingen zugrunde. Möglicherweise war es ihnen nicht klar, daß sie aus diesem Grund starben.

Camon: Sich sprachlich nicht verständigen zu können, war also tödlich?

Levi: Es war körperlich tödlich. Ihnen kam es so vor, als würden sie vor Hunger oder Kälte sterben, und das war natürlich auch ein Grund, aber die Hauptursache war die sprachliche Isolation. Wenn Sie sich die Statistiken anschauen, so haben von den mitteleuropäischen Juden, also den deutschsprechenden, im Verhältnis mindestens zehnmal mehr überlebt als von uns. Ich erinnere mich an einen kroatischen Juden, der, kaum war er dort gelandet, mit lauter Stimme rief: »Ich spreche Deutsch, ich kann für euch dolmetschen.« Und er hat gedolmetscht. Ich selbst muß sagen, daß das bißchen Deutsch, das ich konnte, für mich sehr kostbar war und daß ich mir im Lager ziemlich bewußt vornahm, alles Deutsch, was um mich herum durch die Luft schwirrte, aufzusaugen; das ging so weit, daß mein Deutsch, das ich als Rückkehrer sprach, ein SS- und Wehrmachtsdeutsch war, und ich wußte es nicht, ich sagte Sachen, die ich nicht hätte sagen sollen; ungefähr so wie jemand, der Italienisch im Bordell gelernt hat.

Camon: Der Dissens zwischen uns, was Solschenizyn angeht, rührte daher, daß ich Solschenizyn nicht für einen großen Schriftsteller halte...

Levi: Aber für *Iwan Denissowitsch* lasse ich das nicht gelten, und zum Teil auch nicht für *Der erste Kreis der Hölle.* Im *Iwan Denissowitsch* habe ich alle materiellen Einzelheiten vortrefflich geschildert gefunden: die Art, Suppe zu essen, die Art, irgendwie zurechtzukommen, sich zu kleiden, Sachen zu verstecken, falls eine Durchsuchung stattfindet, die Art zu arbeiten, sogar jene merkwürdige Anmerkung über den Stolz desjenigen, der eine Mauer lotrecht gebaut hat. Unter solchen Umständen kann die Arbeit eine Rettung bedeuten, wenn man das Gefühl hat, daß die Arbeit von Nutzen ist. Ich erinnere mich an einen Lagerkameraden (der, der nicht stehlen wollte, wissen Sie noch?), der wollte, daß wir gut arbeiteten, um am Ende des Arbeitstages eine Belohnung zu bekommen; ich begreife das. Aber auch die Deutschen hatten es begriffen, auch wenn sie uns bei den vorhergehenden Experimenten absolut unnütze Arbeiten verrichten ließen, wie Erde von hier nach da schaufeln und wieder zurück oder Gräben ausheben und wieder zuschütten. Wie schon gesagt, als der Arbeitskräftemangel spürbar wurde, verzichteten sie auf diese Trübsal verursachende Verordnung von Arbeit. Die Arbeit blieb äußerst schwer, aber sie war nicht mehr unnütz.

Doch um auf Solschenizyn zurückzukommen: Ich finde, daß er die Verhältnisse im Lager sehr gut darzustellen versteht. Unter diesem Aspekt ist ihm nichts vorzuwerfen.

Camon: Ich habe ihm auch vorgeworfen, daß er die Geschichte des Kommunismus als eine exakte Fortsetzung des Zarismus aufgefaßt hat. Daß er keinen Bruch wahrgenommen hat, daß seine Sicht der russischen Geschichte die eines »Westlers«, eines »Kapitalisten« war.

Levi: Das stimmt. Ja, er trauert dem Zarismus sogar nach; im *Archipel Gulag* spricht er das ganz deutlich aus.

Camon: Wir sprachen vom Lager. Somit von Deutschland. Was ist Deutschland heute für Sie? Gelingt es Ihnen, das Urteil über Deutschland und über das deutsche Volk von der Erfahrung des Lagers zu trennen? Glauben Sie, daß es so ist, wie Brecht gesagt hat: »Der Schoß ist fruchtbar noch / Aus dem das kroch«?

Levi: Es kann sein, daß ich einem *wishful thinking*, einem Wunschdenken erliege, das heißt, daß ich vor Nazideutschland einen solchen Abscheu habe, daß ich noch nicht einmal die Vorstellung ertragen kann, es könnte wiedererstehen. Das

Gebären jenes Schoßes ist für mich unerträglich, also rede ich mir ein, daß jener Schoß nicht mehr fruchtbar ist. Kann sein, daß es so ist. Andererseits bin ich in Deutschland gewesen, und ich weiß, wie viele Deutsche im Urlaub nach Italien, Frankreich, Jugoslawien, Spanien fahren. Ein Phänomen der totalen kulturellen Isolierung wie damals ist nicht mehr denkbar. Und ich glaube, daß der Nazismus und alles, was danach kam, einschließlich der Zweiteilung Deutschlands, wie ein Impfstoff wirkt, zumindest für ein paar Jahrzehnte.

Camon: Eine literarische Frage: *Ist das ein Mensch?* ist heute ein exemplarischer Text der sogenannten »KZ-Literatur«. Es ist ein Klassiker. Wie ist es möglich, daß das beim Verlag eingereichte Manuskript mehrere Jahre lang abgelehnt wurde? In anderen Worten: Waren vielleicht unmittelbar nach Ende des Krieges die Voraussetzungen nicht gegeben, damit das, was uns heute als notwendig und unverzichtbar erscheint (und das gilt für jeden Klassiker), verstanden und akzeptiert werden konnte?

Levi: Das Manuskript wurde tatsächlich mehrere Jahre lang nicht angenommen, und was mich dabei immer erstaunt hat, ist, daß es von einer Persönlichkeit der italienischen Literatur gelesen worden war, einer jüdischen, noch lebenden. Wenn Sie das Tonbandgerät ausschalten, sage ich Ihnen, wer es war. [Ich schalte aus, und er nennt den Namen.] Die Begründung war sehr allgemein gehalten. Die üblichen Gründe, die die Verleger vorbringen, wenn sie ein Manuskript zurückschikken. Ich weiß nicht, weshalb es abgelehnt worden ist; vielleicht war es nur die Schuld eines unaufmerksamen Lektors.

7
DIE ENTSTEHUNG ISRAELS

Camon: Ich habe bisweilen gedacht, die Geschichte der Juden bis zur Entstehung Israels, das ist eine Sache, und alles Nachfolgende eine ganz andere. Denn vorher waren die Juden ein Volk ohne Staat, das nach einem Staat strebte. Sie besaßen also einen Konvergenzpol in der Zukunft, ihre Geschichte vollzog sich in einer zentripetalen Bewegung. Aber der Staat Israel hat schon bald, aus Gründen seiner Sicherheit, einen Expansionsdrang nach außen entwickelt, also in einer zentrifugalen Bewegung. Von diesem Zeitpunkt an hat sich die Geschichte der Juden von Grund auf gewandelt, zu manchen Zeiten spielten sie sogar eine aggressive und zerstörerische Rolle.

Levi: Ja, das ist sicher so. Aber nur, was die Geschichte des »Staates« anbelangt. Der Staat Israel war zu diesem Zweck gewollt, und er sollte die Geschichte des jüdischen Volkes verändern, aber in einem klar umrissenen Sinne: Er sollte ein Rettungsfloß sein, die Zufluchtsstätte, zu der die in anderen Ländern bedrohten Juden hinströmen konnten. So sah die Idee der Gründerväter aus, und sie war vor der nazistischen Tragödie entstanden. Die nazistische Tragödie hat sie vertausendfacht. Dieses Land der Rettung wurde nun unbedingt gebraucht. Niemand dachte daran, daß in jenem Land die Araber waren. Um die Wahrheit zu sagen, es waren sehr wenige. Darum wurde es als ein zu vernachlässigendes Faktum betrachtet angesichts dieser gewaltigen *vis a tergo*, welche die Juden aus ganz Europa dorthin drängte.

Camon: Wenn mich die Erinnerung nicht täuscht, gab es während des ersten arabisch-israelischen Krieges ein paar europäische (deutsche) Intellektuelle, die an der Seite Israels in den Kampf zogen, gleichsam als eine konkrete Umsetzung der Solidaritätswelle, die Israel entgegenbrandete. Vielleicht wollten sie damit für die geschichtliche Schuld ihrer Väter büßen. Aber sie hätten auch erklären können (ich zitiere nach dem Gedächtnis), daß »kein Staat so legitim und moralisch ist wie der Staat Israel«. Heute – nach dem letzten Krieg Israels, der Invasion des Libanon mit den Zerstörungen der Flüchtlingslager –, heute wäre, so glaube ich, eine derartige Geste unmöglich, würden derartige Worte unmöglich klingen und sogar schuldig machen. Ich erwähne diese Vorfälle, um die These zu bekräftigen, daß die Geschichte der Juden tatsächlich in zwei Phasen zerfällt: vor Israel und danach.

Levi: Meiner Ansicht nach steht Israel im Begriff, den Charakter und das Verhalten seiner Nachbarn zu übernehmen. Ich sage das mit Schmerz, mit Zorn. Es besteht kein großer Unterschied zwischen Begin, Arafat und Chomeini. Es sind Leute, die sich nicht an Verträge halten. Aber Begin repräsentierte, jedenfalls dem Namen nach, ein demokratisches Land...

Camon: Israel ist sehr geschlossen...

Levi: Nein, nicht mehr. Die Armee besitzt Disziplin; aber das Land ist keine Einheit mehr.

Camon: Aber ein Präsident, der derartige Aktionen einleitet, wäre in jedem anderen Staat gestürzt worden.

Levi: Ja, Begin behielt eine Mehrheit, aber es war anfangs eine starke Mehrheit gewesen, danach nicht mehr. Ich weiß sehr genau, daß seine Wähler die Neueinwanderer waren, Einwanderer aus den arabischen Ländern: entwurzelte junge Leute und Flüchtlinge aus Ägypten, Syrien, Libyen. Man hatte ihnen ihren Besitz geraubt und sie vertrieben. Es ist zu verstehen, daß sie in Begin, dem Feind der Araber, ihren Führer sahen. Es existierte eine sehr deutliche Scheidelinie zwischen dieser israelischen Komponente, die unterdes die Mehrheit bildet, und den alten Einwanderern und ihren Kindern, die eine europäische Erfahrung mitbrachten. Begin war von altersher ein Terrorist, schon zu Zeiten, als er noch in Polen lebte.

Camon: Das ist ein Vorwurf, den viele Juden aus der Diaspora zurückweisen.

Levi: Ja, ich weiß das. Aber es gibt verschiedene Arten, Jude zu sein. Jeder Jude hat das Recht und die Pflicht, seine eigene Position zu wählen, ob religiös oder nichtreligiös, proisraelisch oder antiisraelisch. Ich muß eingestehen, daß ich eine gefühlsmäßige Bindung zu Israel besitze, wenn aus keinem anderen als dem Grund, weil es von uns, von meinen Haftgefährten, errichtet worden ist. Aber in seinem gegenwärtigen Verhalten erkenne ich mich durchaus nicht wieder, darin, daß es Abmachungen nicht einhält. Begin hatte erklärt, er werde vierzig Kilometer vorrücken, dann ist er aber bis nach Beirut vorgestoßen. Andererseits liegt es auf der Hand, daß es bei alledem eine Komponente von Notwendigkeit gibt, solange das Statut der PLO nicht geändert wird; aber Begin wollte nicht, daß es verändert würde, weil es sein Alibi war.

Camon: Wenn es also in der jüdischen Geschichte »zwei Phasen« gibt, dann ist *Wann, wenn nicht jetzt?* die Sage von der ersten Phase, die Erzählung von einem Volk, das »unterwegs« ist. Sie stellen sozusagen die tragische Prämisse zur ersten Phase dar (*Ist das ein Mensch?. Die Atempause*) sowie die Geschichte des Übergangs von der ersten zur zweiten Phase (*Wann, wenn nicht jetzt?*). Die neuere jüdische Geschichte aber entzieht sich diesen Prämissen und diesen Prophetien.

Levi: Manche Dinge haben sich nicht verändert und verändern sich nicht, zum Beispiel die Lage der Juden in der Sowjetunion. Es ist eine schlimme Lage; nicht so schlimm wie die der Juden in Deutschland, aber so wie unter Stalin. Die Juden sind einem entsetzlichen und ständig wechselnden Druck ausgesetzt; je nachdem, ob die internationale Spannung ansteigt oder absinkt, werden hundert oder hundertfünfzig Ausreisevisa pro Monat ausgestellt. Für alle russischen Juden stellt Israel noch jetzt einen rettenden Pol dar.

8
Die Werke

Camon: Ihre literarischen Werke und die mit natur-
wissenschaftlichem Sujet (*Storie naturali, Vizio di
forma****) unterscheiden sich so stark von Ihren Werken über die »KZ-Situation«, daß sie die Frage nach
ihrem Autor aufwerfen. Es verwundert, daß diese
»Divertimenti« (so nannten Sie die *Storie naturali*)
von demselben Autor stammen sollen, der die Lager-
bücher geschrieben hat. Aber ich möchte noch wei-
tergehen: die *Storie naturali* wurden gleichzeitig mit
der *Atempause* geschrieben, und das weist auf eine
Art Spaltung des Autors in zwei Personen hin, auf das
Funktionieren Ihres Verstandes auf zwei Ebenen.

Dies wird meiner Ansicht nach durch den anderen
Autorennamen offenkundig, unter dem Sie firmie-
ren: Damiano Malabaila. Es mag sein, daß Schüch-
ternheit und Schamgefühl Sie zu dem Pseudonym
veranlaßt haben; wahrscheinlicher ist es, daß Ihnen

---

* Storie naturali ist auf deutsch unter dem Titel *Die Verdopplung
einer schönen Dame* (Hamburg 1968 sowie Leipzig 1975) erschienen. Texte daraus sind in den Erzählungsband *Der Freund des
Menschen* (München 1989) aufgenommen, der auch einige Erzählungen aus *Vizio di forma* enthält, die übrigen sind in Vorbe-
reitung. (A. d. Ü.)

in einer tieferen Schicht von Ihrem Bewußtsein ein-
gegeben wurde, nicht ein Autor zu sein, sondern
zwei; sozusagen in eine Doppelgestalt aufgespalten
zu sein.

Levi: Das ist eine Frage, auf die Sie besser antwor-
ten können als ich. Ich weiß darauf keine Antwort. Ich
weiß nicht einmal, welchem Test oder Experiment
ich meinen Verstand unterwerfen müßte, um es zu
überprüfen.

Bevor ich verhaftet wurde, hatte ich bereits eine
Erzählung geschrieben, ich habe noch eine Kopie
davon, aber ich werde mich hüten, sie zu veröffent-
lichen. Es war eine mittelmäßige Arabeske, in der
von allem ein bißchen vorkam.

Camon: Vielleicht wären Sie ohne die Erfahrung
des Lagers trotzdem Schriftsteller geworden (davon
bin ich überzeugt: Sie mußten einfach schreiben),
jedoch ein ironischer Schriftsteller, der phantasti-
sche, allegorische, aufklärerische, wissenschaft-
liche, naturkundliche Sachen geschrieben hätte.

Levi: In jener ersten Erzählung ist tatsächlich viel
Natur enthalten, Felsen und Pflanzen. Ja, es kann
sein, daß ich über so etwas geschrieben hätte; diese
Welt faszinierte mich. Aber die Erfahrung des Lagers war für mich von fundamentaler Bedeutung.
Natürlich würde ich nicht dahin zurückkehren; und
doch kann ich nicht leugnen, daß diese Erfahrung
neben dem Grauen, das ich jetzt noch verspüre,
auch positive Auswirkungen gehabt hat. Es kommt
mir vor, als hätte ich dort gelernt, die menschlichen
Dinge zu verstehen. Eine meiner Freundinnen, Li-
dia Rolfi, ist in Ravensbrück gewesen; sie war Volks-

schullehrerin, und sie sagt, daß Ravensbrück ihre Universität gewesen sei. Es war das einzige reine Frauenlager. Ich hatte die Universität absolviert, aber auch ich muß sagen, meine wahre Universität war Auschwitz. Ich habe das Gefühl, daß ich durch Auschwitz bereichert worden bin, so daß die Niederschrift von *Ist das ein Mensch?* im Laufe weniger Monate vonstatten ging, und ich erinnere mich, daß ich beim Schreiben niemals ins Zögern kam. Als das Buch 1958 von Einaudi veröffentlicht wurde, habe ich ein Kapitel hinzugefügt, es heißt »Die Einführung« und war in der Ausgabe des Verlages De Silva von 1947 noch nicht enthalten, und ich habe noch manches andere ergänzt, aber ich habe nichts verändert, nichts gestrichen oder korrigiert.

Camon: Es gibt Leid, das den Menschen besser macht, und Leid, das ihn schlechter macht. Wahrscheinlich macht ein im Zustand der Ohnmacht erfahrenes Leid besser.

Levi: Ich glaube nicht, daß ich besser geworden bin. Ich habe ein paar Dinge verstanden, aber ich bin kein guter Mensch geworden.

Camon: Wie viele Häftlinge waren im Durchschnitt täglich in Auschwitz?

Levi: Es gab nicht ein Lager Auschwitz, es gab neununddreißig. Es gab die Stadt Auschwitz, und darin war ein Lager, und es gab das eigentliche Auschwitz, das heißt die Hauptstadt des Systems; weiter unten, zwei Kilometer entfernt, gab es Birkenau, das heißt Auschwitz II. Hier befand sich die Gaskammer; das war ein riesiges Lager, das in vier bis sechs Nebenlager aufgeteilt war; weiter oben befand sich die Fabrik, und in der Nähe der Fabrik lag Monowitz oder Auschwitz III. Ich war dort, dieses Lager gehörte zur Fabrik, es war von ihr finanziert; außerdem gab es im Umkreis weitere dreißig bis fünfunddreißig Lager (Gruben, Waffenfabriken, Landwirtschaftsbetriebe usw.). Das am weitesten entfernte Lager war Brno in Mähren; bis dorthin waren es etwa 100 Kilometer Luftlinie, und es unterstand der Verwaltung von Auschwitz. In meinem Lager waren wir etwa 10 000; im Stammlager Auschwitz waren 15 bis 20 000; in Birkenau viel mehr, 70 bis 80 000; und weitere 20 000 waren verstreut über diese kleinen Lager, die alle entsetzlich waren; es waren Bergwerkslager, wo die Leute bei Hunger und Kälte arbeiten mußten; es waren Straflager. Die Verwaltung für alle war in Auschwitz I, und das Vernichtungslager war Birkenau. Das System von Auschwitz war das Resultat der in sämtlichen anderen Lagern gesammelten Erfahrungen, sowohl mit der Vernichtung als auch mit der Zwangsarbeit. Darüber gibt es ein Buch, *Kommandant von Auschwitz*, es ist eben der Bericht des Kommandanten von Auschwitz, der gefangengesetzt und aufgefordert worden war, seine Geschichte zu erzählen, und er hat sie erzählt.

Camon: Sie sind kein niedergeschlagener Mensch und machen auch keinen ängstlichen Eindruck.

Levi: Gewinnen Sie diesen Eindruck aus meinen Büchern oder aus meiner Erscheinung?

Camon: Aus Ihrer Erscheinung. Sie legen eine ironisch-verständnisvolle Haltung an den Tag, und Sie lächeln häufig. Ich habe den Eindruck, daß Sie von

Natur aus ein Mensch sind, der das Leben liebt, der es vorher geliebt hat und nachher wieder liebte. Zwischen dem Vorher und dem Nachher gab es ein gewaltsames und totales Trauma, das aber abgeschlossen ist.

Levi: Allgemein gesprochen haben Sie recht. Doch ich habe nach der Haft einige Episoden depressiver Krisen erlebt. Ich bin nicht sicher, daß sie mit jener Erfahrung zusammenhängen, denn sie traten jedesmal unter einem anderen Etikett auf. Es wird Ihnen seltsam vorkommen, aber erst vor kurzem habe ich eine durchgemacht, eine törichte depressive Krise ohne schwerwiegendes Motiv. Ich hatte eine kleine Operation am Fuß, und die hat mir das Gefühl vermittelt, ich wäre plötzlich alt geworden. Es hat zwei Monate gedauert, bis die Wunde verheilt war. Darum habe ich Sie gefragt, ob der Eindruck bei Ihnen durch meine Erscheinung oder durch meine Bücher ausgelöst worden ist.

Camon: Ich habe geantwortet, durch Ihre Erscheinung, aber Ihre Bücher stehen nicht im Gegensatz dazu. In Ihren wissenschaftlich-naturkundlichen Büchern spürt man einen phantasiereichen, allegorischen Schriftsteller mit einer Sprache voller Leben, die reich ist an Metaphern.

Levi: Als ich *Ist das ein Mensch?* schrieb, interessierte ich mich noch gar nicht für das Problem der Sprache, es hat mich aber zu interessieren begonnen, je länger ich mit dem Schreiben fortfuhr, bis es im *Ringschlüssel*, einem experimentellen Buch, dominierend wurde. Und das gilt auch für dieses letzte Buch, *Wann, wenn nicht jetzt?*, das mich vor sprachliche Probleme gestellt hat, denn es ging darum, eine Rede, die ich mir in Polnisch oder Russisch oder Jiddisch vorstellte, italienisch auszudrücken, ins Italienische zu übersetzen. Ich kann aber weder Polnisch noch Russisch, und Jiddisch nur sehr schlecht; also mußte ich es studieren, und das habe ich getan. Ich habe acht Monate Jiddisch gelernt, bis ich diesen Figuren eine italienische Rede in den Mund legen konnte, die als Version plausibel klang. Ich weiß nicht, ob der italienische Durchschnittsleser diese Dinge bemerkt.

Camon: Nach den ersten Büchern, denen über das KZ, spürt man dieses Interesse für das Wort, für die Sprache, und sogar eine Freude am Experiment. Deshalb kommt es mir seltsam vor, daß Sie nicht zum Literaten, zum reinen Schriftsteller geworden sind, sondern sich weiter mit Chemie befaßt haben und als Chemiker tätig waren.

Levi: Aber ich habe mich immer für Chemie interessiert, und in der Schule war ich in Italienisch lustlos und lahm und auch schwach. Als Student habe ich nicht verstanden, welche Bedeutung die italienische Literatur hat; das habe ich erst später verstanden.

9

DER MENSCH UND DIE CHEMIE

Camon: Was interessiert Sie an der Chemie?
Levi: Mich interessiert der Kontakt mit der Materie, es interessiert mich, die Welt um mich herum zu verstehen, die Chemie des menschlichen Körpers, die Biochemie. Die Wissenschaft überhaupt. Aber die Wissenschaft von den Elementarteilchen sagt mir wenig, während mich die Entdeckung der genetischen Mechanismen begeistert, die Art und Weise, wie das Individuum durch einen Code verschlüsselt ist, das winzig kleine Bruchstück, dessen Alphabet aus Molekülen besteht. Zwischen Linguisten und Genetikern gibt es eine Brücke. Diese neuen Begriffe wie »Prägnanz«, »Redundanz«, »Ambiguität« lassen sich auch auf die genetische Sprache gut anwenden; und die genetischen Störungen beruhen auf einem Mangel an Redundanz, weswegen der kleinste Fehler ausreicht, und der Code wird unlesbar. Doch die Beweggründe, die mich seinerzeit zur Chemie geführt haben, waren anderer Natur, denn damals war die Chemie eine andere Wissenschaft; ich war ein Junge von vierzehn, fünfzehn Jahren, als ich beschloß, mich für die Chemie zu interessieren, weil ich begeistert war von der Parallelität zwischen der geschriebenen Formel und

dem Vorgang im Reagenzglas. Schon damals kam mir das vor wie ein Zauber; die Chemie erschien mir als der wichtigste Schlüssel, um hinter die Geheimnisse des Himmels und der Erde zu kommen, und als ich las, das Spektroskop mache es möglich, die chemische Zusammensetzung eines Sterns zu erkennen, erschien mir das als eine der höchsten Machtentfaltungen des Menschen.

Camon: Chemie und Literatur also; Schriftsteller des KZ und naturwissenschaftlicher Schriftsteller. Die Tatsache, daß auf das Schreiben über das KZ das literarische Schreiben folgte, läßt die Vermutung zu, daß das Trauma Auschwitz fast bis zum Verschwinden abgebaut war und daß es nicht nur negativ gewirkt hatte. Auch auf privater, familiärer Ebene?

Levi: Nein, Auschwitz hat, wie ich schon sagte, auf mich nicht nur negativ gewirkt, es hat mich vieles gelehrt. Unter anderem war ich vor Auschwitz ein frauenloser Mann gewesen, danach habe ich die Frau getroffen, die meine Ehefrau werden sollte. Ich hatte ein starkes Bedürfnis nach Zuhörerschaft, und sie hat mir mehr als die anderen zugehört. Darum bin ich fürs Leben an sie gebunden, im Guten wie im Bösen. Davor litt ich unter Komplexen, ich weiß nicht, weshalb; vielleicht, weil ich Jude war. Ich wurde von meinen Schulkameraden als Jude verspottet. Nicht geschlagen, nicht beschimpft, aber verspottet, das ja.

Nach der Heimkehr aus Auschwitz hatte ich ein starkes Bedürfnis zu reden, ich fand hier meine alten Freunde wieder und überschüttete sie mit meinen Erzählungen; und ich entsinne mich, daß sie zu

mir sagten: »Komisch, du bist der Alte geblieben!«
Ich glaube, daß ich einen Reifeprozeß durchgemacht habe, weil ich das Glück hatte zu überleben.
Denn es handelt sich nicht um Kraft, sondern um Glück; ein Lager kann man nicht mit eigenen Kräften besiegen. Ich war vom Glück begünstigt, weil ich Chemiker war, weil ich einem Maurer begegnete, der mir zu essen gab, weil ich das Hindernis der Sprache überwand (das kann ich mir selbst zugute halten); ich bin nie krank geworden, nur ein einziges Mal am Schluß, und auch das war ein Glück, denn es hat mir die Evakuierung aus dem Lager erspart. Die anderen, die Gesunden, sind alle umgekommen, denn sie wurden mitten im Winter nach Buchenwald und Mauthausen verlegt. Ich hatte einmal einen Streit... sind Sie gläubig?

Camon: Warum fragen Sie das?

Levi: Ich hatte einmal eine Kontroverse mit einem Gläubigen, einem Freund aus Padua, also aus Ihrer Stadt...

Camon: Sind Sie nicht gläubig?

Levi: Nein, ich bin es nie gewesen; ich möchte es sein, aber es gelingt mir nicht.

Camon: Und was ist Ihr Judentum dann?

Levi: Eine rein kulturelle Gegebenheit. Wären da nicht die Rassengesetze und das Lager gewesen, ich wäre wahrscheinlich kein Jude mehr, außer nach dem Familiennamen; diese doppelte Erfahrung aber, die Rassengesetze und das Lager, haben mich geprägt, wie ein Metallblech geprägt wird: Jetzt bin ich Jude, der Davidsstern wurde mir aufgenäht, und nicht nur auf die Kleidung.

Camon: Mit wem hatten Sie diese Kontroverse?

Levi: Es ist, wenn Sie sich an *Das periodische System* erinnern, der Mann, der in der Erzählung »Kalium« als »der Assistent« vorkommt. Er ist gläubig, aber kein Katholik; er hat mich nach meiner Haft aufgesucht, um mir zu sagen, daß ich ganz eindeutig ein Ausersehener wäre, weil ich zum Überleben auserkoren wurde, damit ich *Ist das ein Mensch?* schreiben konnte. Und das, muß ich Ihnen gestehen, ist mir vorgekommen wie eine Schmähung, weil Gott dann also Privilegien verteilt hätte, indem er den einen errettete und einen anderen verdammte. Ich muß Ihnen sagen, die Erfahrung Auschwitz war für mich so beschaffen, daß sie jeglichen Rest einer religiösen Erziehung, die ich immerhin genossen hatte, weggefegt hat.

Camon: Auschwitz ist also der Beweis für die Nichtexistenz Gottes?

Levi: Es gibt Auschwitz, also kann es keinen Gott geben. [Auf dem maschinengeschriebenen Manuskript hat er mit Bleistift hinzugesetzt: Ich finde keine Lösung für das Dilemma. Ich suche nach ihr, aber ich finde sie nicht.]

Plan von Auschwitz, gezeichnet von Primo Levi. Links: »Gaskammer + Krematorium, Birkenau = Au. II (4–6 Lager)«; rechts: »2 km entfernt: Auschwitz-Stadt, erstes Lager = der Ort Auschwitz selbst (Hauptstadt)«; rechts oben: »Fabrik Monowitz = Au. II«; ganz unten: »30–35 andere kleine Lager (Bergwerke, Waffenfabriken, Landwirtschaftsbetriebe, etc.)«.

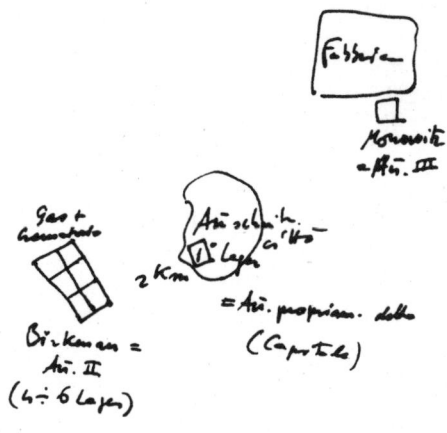

INHALT

»Ein außergewöhnliches Buch,
das von einem außergewöhnlichen Menschen geschrieben
wurde. Seit langem habe ich nicht solch eine
Stimme gehört: Die Stimme einer verwundeten Seele,
deren Schrei ein Gebet ist.«
Elie Wiesel

Ka-Tzetnik 135633
Das Haus der Puppen

Roman. Aus dem Englischen von Thomas Lindquist.
316 Seiten.

Seit dem Eichmann-Prozeß 1961 ist der Mann,
der sich »Ka-Tzetnik« nennt und seine Auschwitz-Nummer
hinter diesen Namen setzt, wenn er Bücher schreibt,
nicht mehr in der Öffentlichkeit aufgetreten. Er gibt keine
Interviews, macht keine Lesungen und verbittet sich
jeglichen Bestsellerrummel, obwohl sein »Haus der
Puppen« weltweit über fünfmillionenmal verkauft und in
zahlreiche Weltsprachen übersetzt wurde. Nicht er
habe, betont er immer wieder, seine Bücher geschrieben,
sondern jene Namenlosen, die in den Gaskammern umkamen.
Die raffinierte Montage der verschiedenen Erzähllebenen
und der eindringliche poetische Stil, der eine
Inspiration durch die Literatur des Expressionismus
verrät, verleihen dem Buch seine schockierende
Wirkung, die auf der Kraft des Authentischen beruht.

PIPER

»Die Lektüre lohnt sich nicht nur wegen der
nie abreißenden Spannung der ›Reise‹ der beiden
Mädchen, sondern auch wegen der dichterischen
Intensität und Treffsicherheit der Beschreibung.«

Neue Zürcher Zeitung

238 Seiten. Leinen

Ein Roman von Haß und Hilfsbereitschaft, von Feindschaft
und Freundschaft, von der Schwierigkeit, fremde Identitäten
anzunehmen und sich trotzdem das eigene Ich zu bewahren.
Die Reise, die die beiden polnischen Jüdinnen antreten
müssen, um den Holocaust zu überleben, ist zugleich
ein Stück Literatur voller Poesie und atmosphärischer Dichte.

Außerdem ist von der Autorin lieferbar:

Eine Spanne Zeit

Erzählungen. Aus dem Polnischen von Klaus Staemmler.
Das Stück »Der Tisch« übersetzten Ida und Bruno Fink.
183 Seiten. Serie Piper 1604

PIPER